EL PRINCIF

MW01252281

lémures
BEBÉS

KATE RIGGS

CREATIVE EDUCATION • CREATIVE PAPERBACKS

TABLA DE

CONTENIDO

SOY UN CACHORRO DE LÉMUR.

Soy un lémur bebé.

oreja

ojo

hocico

mano

pelaje

cola

¡Mira mi nariz húmeda y mi cola larga y <u>peluda</u>!

Cuando nací, pesé 3.5 onzas (100 g). Es lo mismo que una taza de agua.

Me aferro a mi madre para desplazarme.

Vivo en una <u>tropa</u>.
Nos desplazamos
juntos para
encontrar alimento.

Somos silenciosos. Sostenemos nuestras colas hacia arriba.

Mi madre lidera nuestro grupo. Me quedaré cerca de mi madre por dos años.

¡Ahora soy un lémur joven!

¡KI-KI!

¿Puedes hablar como un cachorro de lémur? Los lémures chillan, chasquean la lengua, y gruñen.

Escucha esos sonidos:

https://www.youtube.com/watch?v=YPn_RuSEgnM

¡Ahora es tu turno!

PALABRAS BEBÉS

peluda: la palabra usada para describir el pelo que cubre a algunos animales

tropa: el conjunto de lémures que viven y se alimentan juntos

ÍNDICE

PUBLICADO POR CREATIVE EDUCATION Y CREATIVE PAPERBACKS
P.O. Box 227, Mankato, Minnesota 56002
Creative Education y Creative Paperbacks
son marcas editoriales de The Creative Company
www.thecreativecompany.us

DISEÑO Y PRODUCCIÓN
de Chelsey Luther & Joe Kahnke
Dirección de arte de Rita Marshall
Impreso en China
Traducción de TRAVOD, www.travod.com

FOTOGRAFÍAS de Alamy (PA Images), Dreamstime (Isselee), Getty Images (Anup Shah/Stone), iStockphoto (GlobalP), Minden Pictures (Suzi Eszterhas, Suzi Eszterhas/NPL), National Geographic Creative (VINCENT J. MUSI), Shutterstock (Bohbeh, DenisaPro, Hajakely, Eric Isselee)

INFORMACIÓN DEL CATÁLOGO DE PUBLICACIONES
de la Biblioteca del Congreso is available
under PCN 2019957355.
ISBN 978-1-64026-453-3 (library binding)
ISBN 978-1-62832-988-9 (pbk)

HC 9 8 7 6 5 4 3 2 1
PBK 9 8 7 6 5 4 3 2 1